Uli Holtmann

Tiling-Games. Eine Anwendung von Dominospielen und ihre Komplexität

GRIN Verlag

Bibliografische Information der Deutschen Nationalbibliothek:

Die Deutsche Bibliothek verzeichnet diese Publikation in der Deutschen National-
bibliografie; detaillierte bibliografische Daten sind im Internet über http://dnb.d-
nb.de/ abrufbar.

Impressum:

Copyright © 2013 GRIN Verlag GmbH
Druck und Bindung: Books on Demand GmbH, Norderstedt Germany
ISBN: 978-3-656-56328-0

Dieses Buch bei GRIN:

http://www.grin.com/de/e-book/266205/tiling-games-eine-anwendung-von-domi-
nospielen-und-ihre-komplexitaet

GRIN - Your knowledge has value

Der GRIN Verlag publiziert seit 1998 wissenschaftliche Arbeiten von Studenten, Hochschullehrern und anderen Akademikern als eBook und gedrucktes Buch. Die Verlagswebsite www.grin.com ist die ideale Plattform zur Veröffentlichung von Hausarbeiten, Abschlussarbeiten, wissenschaftlichen Aufsätzen, Dissertationen und Fachbüchern.

Besuchen Sie uns im Internet:

http://www.grin.com/

http://www.facebook.com/grincom

http://www.twitter.com/grin_com

UNIVERSITÄT
BAYREUTH

Angewandte Informatik VII

Seminararbeit

Eine Anwendung von Domino-Spielen und ihre Komplexität

Uli Holtmann

Inhaltsverzeichnis

1 Einleitung

In den Arbeiten „The convenience of tilings" [1] und „Domino-Tiling Games" [2] werden sogenannte Domino-Spiele betrachtet. Domino-Spiele sind für die Komplexitätstheorie interessant, da sie dank ihrer Einfachheit und Anschaulichkeit Ansätze für diverse Reduktionen liefern. Auch lassen sich die verschiedenen Domino-Spiel-Typen gerade deshalb leicht unterschiedlichen Komplexitätsklassen zuordnen. Diese Arbeit soll die Ergebnisse der beiden genannten Veröffentlichungen erläutern und für eine eigene Anwendung aufgreifen.

Dazu folgt zunächst eine Einführung in die Komplexitätstheorie, welche die Grundbegriffe erläutert, die für den weiteren Verlauf der Arbeit notwendig sind. Im zweiten Teil der Arbeit werden Domino-Spiele sowie ihre Zwei-Spieler-Varianten und ihr Zusammenhang mit Turingmaschinen, und damit auch mit der Komplexitätstheorie, beschrieben. Zuletzt wird das zuvor gewonnene Wissen auf eine erfundene Zwei-Spieler-Version des Problems EXACT COVER angewendet, so dass seine Komplexität bestimmt werden kann.

2 Komplexitätstheorie

Die Komplexitätstheorie untersucht die algorithmische Schwierigkeit von Berechnungsproblemen formalisiert als Sprachen. Sie fasst dazu Probleme vergleichbarer Schwierigkeit in Komplexitätsklassen zusammen.

Im folgenden Kapitel sollen einige Grundbegriffe der Komplexitätstheorie beschrieben werden, die für den weiteren Verlauf dieser Arbeit notwendig sind.

2.1 Turingmaschinen

Die Turingmaschine ist eines der wichtigsten mathematischen Rechnermodelle. Sie modelliert die Arbeitsweise eines Computers und repräsentiert einen Algorithmus bzw. ein Programm. Einzelne Berechnungen bestehen dabei aus schrittweisen Manipulationen von Symbolen, die nach bestimmten Regeln auf ein Speicherband geschrieben und von dort eingelesen werden. Funktionen, die anhand einer Turingmaschine berechnet werden können, werden *Turing-berechenbar* genannt. Es wird die Definition der Turingmaschine mit wenigen Anpassungen aus [3] (Kapitel 1.4, S. 73ff.) und [4] (Kapitel 7.2, S. 148ff.) übernommen und um eine Markierung für einen linken Rand des Eingabebandes erweitert.

Eine *nichtdeterministische Turingmaschine* $M = (Q, \Sigma, \Gamma, \delta, q_0, \triangleright, \sqcup, F)$ besteht aus einer endlichen Menge von *Zuständen* Q, einer endlichen Menge von *erlaubten Bandsymbolen* Γ mit dem linken Rand $\triangleright \in \Gamma$, dem *Blank*-Symbol $\sqcup \in \Gamma$ und einer Menge von *Eingabesymbolen* $\Sigma \subseteq \Gamma \setminus \{\triangleright, \sqcup\}$, der *Übergangsrelation* $\delta \subseteq Q \times \Gamma \times Q \times \Gamma \times \{L, R, 0\}$, dem *Anfangszustand* q_0 und einer Menge von *Endzuständen* $F \subseteq Q$. Für eine *deterministische* Turingmaschine ist δ eine Übergangsfunktion $\delta : Q \times \Gamma \to Q \times \Gamma \times \{L, R, 0\}$, da hier, im Gegensatz zur nichtdeterministischen Variante, für einen Zustand und ein eingelesenes Symbol jeweils nur *ein* Übergang möglich ist. Weiterhin besitzt eine Turingmaschine ein in Felder unterteiltes Eingabeband und einen Bandkopf. Das Eingabeband hat ein am weitesten links stehendes Feld, gekennzeichnet durch das Symbol $\triangleright$, ist aber unendlich zur rechten Seite. Jedes Feld des Eingabebandes kann genau ein Symbol aus Γ enthalten. Zu Beginn enthalten die $n \geq 0$ auf $\triangleright$ folgenden, am weitesten links stehenden Felder die Eingabe $w = w_1, \ldots, w_n, \forall i \in \{1, \ldots, n\} : w_i \in \Sigma$ und die verbleibenden unendlich vielen Felder enthalten ein Blank. Mit jedem Berechnungsschritt wird das Symbol an der Position des Bandkopfes eingelesen. Abhängig davon schreibt die Turingmaschine ein neues Symbol auf dieses Feld, bewegt den Bandkopf nach links (L), rechts (R) oder lässt ihn verweilen (0) und ändert anschließend ihren Zustand.

Jede *Bewegung des Bandkopfes* ist ein Teil der Übergangsrelation δ und wird als 5-Tupel (q, s, q', s', m) definiert, wobei die Turingmaschine im Zustand $q \in Q$ das Symbol $s \in \Sigma$ einliest, dieses durch das Symbol $s' \in \Sigma$ ersetzt und in den Zustand $q' \in Q$ übergeht [1] (Kapitel 2, S. 3). Die Bewegungsrichtung gibt $m \in \{L, R, 0\}$ an. Im Fall $s = \triangleright$ wurde der linke Rand des Eingabebandes erreicht, der nicht nach links überschritten werden darf. Folglich ist $s' = \triangleright$ und die Bewegungsrichtung muss $m \neq L$ sein.

Die *Konfiguration* einer Turingmaschine M wird $\alpha_1(q, a)\alpha_2$ geschrieben und gibt zu einem Zeitpunkt den aktuellen Zustand der Turingmaschine sowie den Inhalt des Eingabebandes an. Dabei ist $q \in Q$ der gegenwärtige Zustand von M, $a \in \Gamma$ das Symbol an der Position des Bandkopfes, $\alpha_1 \in \Gamma^*$ die Zeichenkette, die den Bandinhalt vom einschließlich linken Rand bis zum Symbol links des Kopfes darstellt, und $\alpha_2 \in \Gamma^*$ die Zeichenkette, die den Bandinhalt vom Symbol rechts des Kopfes bis zum am weitesten rechts stehenden und vom Blank verschiedenen Symbol darstellt. Die *Startkonfiguration* ist $\triangleright(q_0, w_1)w_2 \ldots w_n$ für Startzustand q_0 und Eingabe $w = w_1 \ldots w_n, \forall i \in \{1, \ldots, n\} : w_i \in \Sigma$ der Länge n.

Nun werden *Übergänge* zwischen Konfigurationen betrachtet. Man sagt, dass Konfiguration $\alpha_1(q_1, a)\alpha_2$ der Turingmaschine M die Konfiguration $\beta_1(q_2, b)\beta_2$ in 1 *Rechenschritt* ergibt genau dann, wenn es eine entsprechende Regel in δ gibt, die dies zu einem gültigen Übergang macht. Formal gesehen ist eine Konfiguration $\beta_1(q_2, b)\beta_2$ *erreichbar* von $\alpha_1(q_1, a)\alpha_2$ in 1 Rechenschritt genau dann, wenn es eine Bewegung (q_1, a, q_2, a', m) in M gibt, so dass

- $\beta_1 = \alpha_{1,1} \ldots \alpha_{1,i-1}$, $b = \alpha_{1,i}$ und $\beta_2 = a'\alpha_{2,1} \ldots \alpha_{2,j}$ ($m = L$) oder

- $\beta_1 = \alpha_{1,1} \ldots \alpha_{1,i-1}a'$, $b = \alpha_{2,1}$ und $\beta_2 = \alpha_{2,2} \ldots \alpha_{2,j}$ ($m = R$) oder

- $\beta_1 = \alpha_1$, $b = a'$ und $\beta_2 = \alpha_2$ ($m = 0$).

Das Symbol a wird dabei vom Bandkopf mit dem Symbol a' überschrieben. Ein solcher *Übergang* zwischen zwei Konfigurationen wird $\alpha_1(q_1, a)\alpha_2 \to_M \beta_1(q_2, b)\beta_2$ geschrieben. Ist eine Konfiguration $\gamma_1(q_3, c)\gamma_2$ erreichbar von $\alpha_1(q_1, a)\alpha_2$ in k Rechenschritten, so schreibt man $\alpha_1(q_1, a)\alpha_2 \to_M^k \gamma_1(q_3, c)\gamma_2$. Dann ist $\to_M^*$ der transitive und reflexive Abschluss [5] (Kapitel 2.1, S. 22).

$L(M)$ bezeichnet die von der Turingmaschine M akzeptierten Sprache. Sie ist die Menge der Wörter aus Σ^*, die M veranlassen in einen Endzustand überzugehen: $\{w \mid \triangleright(q_0, w_1)w_2 \ldots w_n \to_M^* \alpha_1(p, a)\alpha_2, \forall i \in \{1, \ldots, n\} : w_i \in \Sigma, p \in F, \alpha_1 \in \Gamma^*, \alpha_2 \in \Gamma^*\}$.

Im Laufe dieser Arbeit werden Turingmaschinen erneut aufgegriffen. Dabei wird gezeigt, dass eine Turingmaschine durch das Domino-Spiel ausgedrückt bzw. kodiert werden kann.

2.2 Komplexitätsklassen

In der Komplexitätstheorie werden Probleme bzw. ihre entscheidbaren Sprachen in Komplexitätsklassen zusammengefasst, um ein gemeinsames Maß für Komplexität zu erhalten. Die Definition der einzelnen Komplexitätsklassen werden aus [3] (Kapitel 3.1, S. 144ff.) übernommen.

2.2.1 TIME, P und EXPTIME

Sei $f : \mathbb{N} \to \mathbb{N}$ eine Funktion. Die Klasse $TIME(f(n))$ besteht aus allen Sprachen A, für die es eine deterministische Turingmaschine M gibt mit $A = L(M)$ und $time_M(w) \leq f(n)$. Hierbei ist $time_M : \Sigma^* \to \mathbb{N}$ eine Funktion, so dass $time_M(w)$ die Anzahl der Rechenschritte von M bei Eingaben w bezeichnet. Oder anders formuliert: Es gibt keine erreichbaren Konfigurationen in M, die in mehr als $time_M(w)$ Rechenschritten von der Startkonfiguration $\triangleright(q_0, w_1)w_2, \ldots, w_n$ aus erreicht werden.

Das heißt, die Funktion $f(n)$ ist eine obere Zeitschranke. Sie gibt die maximale Ausführungszeit eines Programms auf einer Turingmaschine M mit der Eingabe w der Länge n an. Die tatsächliche Ausführungszeit $time_M(w)$ des Programms auf dieser Turingmaschine ist also immer kleiner oder gleich dieser maximalen Anzahl von Rechenschritten. Man sagt auch: Turingmaschine M entscheidet Sprache S in Zeit f. Dabei bedeutet M *entscheidet* S, dass für alle Wörter $w \in \Sigma^*$ gilt:

- $w \in S \Rightarrow M$ akzeptiert w und

- $w \notin S \Rightarrow M$ lehnt w ab.

Alle Sprachen, für die diese Zeitschranke gilt, werden von der Klasse $TIME(f(n))$ zusammengefasst.

Für Probleme, die polynomiale oder sogar exponentielle Komplexität besitzen, werden zwei Komplexitätsklassen eingeführt. Ein *Polynom* ist eine Funktion $p : \mathbb{N} \to \mathbb{N}$ der Form $p(n) = a_k n^k + a_{k-1} n^{k-1} + \ldots + a_1 n + a_0, a_i \in \mathbb{N}, k \in \mathbb{N}$. Damit wird die Komplexitätsklasse P wie folgt definiert: $P = \bigcup_{p \text{ Polynom}} TIME(p(n))$. Um zu zeigen, dass ein Algorithmus polynomiale Komplexität hat, genügt es zu zeigen, dass seine Komplexität $O(n^k)$ für eine Konstante k ist [3] (Kapitel 3.1, S. 145). Analog lässt sich eine Komplexitätsklasse für Sprachen mit exponentiellem Aufwand definieren: $EXPTIME = \bigcup_{p \text{ Polynom}} TIME(2^{p(n)})$.

2.2.2 NTIME und NP

Weiterhin gibt es Probleme, für deren Lösung alle möglichen Eingaben durchprobiert werden müssen, bis eine gültige Lösung gefunden wird. Das bedeutet, alle bekannten deterministischen Algorithmen für dieses Problem benötigen exponentiellen Aufwand. Deshalb wird eine Klasse beschrieben, die alle Probleme enthält, für die sich jeweils eine einzelne gegebene Lösung auf einer deterministischen Turingmaschine in Polynomialzeit auf Richtigkeit überprüfen lässt. Anders formuliert: Eine Klasse für alle Sprachen, für die es eine deterministische Turingmaschine gibt, die mit einer Problemstellung sowie einem *Lösungsvorschlag* als Eingabe eine „ja"- oder „nein"-Antwort liefert. Das Problem ist insgesamt also nichtdeterministisch in polynomialzeit entscheidbar. Ob es deterministisch in polynomialzeit entscheidbar ist, ist noch unbekannt.

Sei M eine nichtdeterministische Turingmaschine und die Eingabe w. Weiterhin sei $f : \mathbb{N} \to \mathbb{N}$ eine Funktion und es gibt keine erreichbaren Konfigurationen in M, die in mehr als $ntime_M(w)$ Rechenschritten von der Startkonfiguration aus erreicht werden. Die Klasse $NTIME(f(n))$ besteht aus allen Sprachen A, für die es eine nichtdeterministische Turingmaschine M gibt mit $A = L(M)$ und $ntime_M(w) \leq f(n)$ für jedes Wort $w \in \Sigma^*$ der Länge n. Ferner kann damit analog zur Klasse P die Klasse NP definiert werden: $NP = \bigcup_{p \text{ Polynom}} NTIME(p)$.

Bekannt ist, dass P eine Teilmenge von NP ist. Eine der wichtigsten Fragen der Theoretischen Informatik, das P-NP-Problem, ist jedoch noch ungelöst: Ist $P = NP$? Um das zu zeigen, müsste für eines der schwierigsten NP-Probleme (siehe Abschnitt 2.4) ein auf einer deterministischen Rechenmaschine polynomiell zeitbeschränkter Algorithmus gefunden werden. Bis heute ist kein solcher Algorithmus bekannt, weshalb man davon ausgeht, dass $P \neq NP$ gilt. Da bis auf wenige Ausnahmen alle diese schwierigsten NP-Probleme miteinander verknüpft sind, müssen entweder alle diese Probleme in P liegen ($P = NP$) oder keines ($P \neq NP$) [3] (Kapitel 3.1, S. 147) [6].

2.3 Reduktionen

Um zu zeigen, dass ein Problem in einer bestimmten Komplexitätsklasse liegt, kann man ein anderes Problem, für das die Komplexitätsklasse bereits bekannt ist, auf dieses Problem reduzieren und so die Zugehörigkeit zu dieser Komplexitätsklasse beweisen. Um Reduktionen formal beschreiben zu können, wird die Definition aus [3] (Kapitel 3.2, S. 148) verwendet.

Seien $A \subseteq \Sigma^*$ und $B \subseteq \Gamma^*$ Sprachen. Dann heißt A auf B *polynomial reduzierbar*, symbolisch mit $A \leq_p B$ bezeichnet, falls es eine totale und mit polynomialer Komplexität berechenbare Funktion $f : \Sigma^* \to \Gamma^*$ gibt, so dass für alle $x \in \Sigma^*$ gilt: $x \in A \Leftrightarrow f(x) \in B$. Falls $A \leq_p B$ und $B \in P$ (bzw. $B \in NP$), so ist auch $A \in P$ (bzw. $A \in NP$).

Das bedeutet, man kann das Problem A auf ein Problem B reduzieren, wenn man eine Funktion f findet, die durch eine Turingmaschine M_f berechnet wird und die jede mögliche Eingabe x für A in eine gültige Eingabe für B übersetzt. Man sagt dann auch: B ist mindestens so *schwierig* wie A.

2.4 NP-Härte und NP-Vollständigkeit

Eine Sprache wird *NP*-vollständig genannt, wenn sie mindestens so schwierig ist wie jedes andere Problem in *NP*. Dazu folgen zwei weitere Definitionen, die aus [3] (Kapitel 3.2, S. 149) übernommen werden.

Eine Sprache A heißt *NP-hart*, falls für alle Sprachen $L \in NP$ gilt: $L \leq_p A$.

Eine Sprache A heißt *NP-vollständig*, falls A NP-hart ist und $A \in NP$ gilt.

NP-vollständige Probleme sind also die *schwierigsten* Probleme in *NP*. Da allgemein angenommen wird, dass es nicht möglich ist polynomiale Algorithmen für *NP*-vollständige Probleme zu finden, ist der Nachweis von *NP*-Vollständigkeit ein fast sicheres Indiz dafür, dass es keinen effizienten Algorithmus für das Problem gibt.

2.5 SPACE und PSPACE

Eine weitere Möglichkeit Entscheidungsprobleme in Komplexitätsklassen einzuordnen ist, sie nach dem Platz einzuteilen, den eine Turingmaschine benötigt, um sie zu entscheiden.

Sei $f : \mathbb{N} \to \mathbb{N}$ eine Funktion. Die Klasse $SPACE(f(n))$ besteht aus allen Sprachen A, für die es eine deterministische Turingmaschine M gibt mit $A = L(M)$ und $space_M(w) \leq f(n)$. Hierbei ist $space_M : \Sigma^* \to \mathbb{N}$ eine Funktion, so dass $space_M(w)$ den benötigten Platz von M bei Eingaben w bezeichnet. Man sagt auch: Die Turingmaschine M operiert innerhalb der Platz-Obergrenze $f(n)$, wenn M für jede Eingabe w der Länge n höchstens $f(n)$ Platz benötigt [5] (Kapitel 7.1, S. 141).

Damit lassen sich analog zu den zuvor beschriebenen Zeitklassen ähnliche Klassen für den maximal verwendeten Platz definieren: sei L eine Sprache, dann sagt man, L ist in der Komplexitätsklasse $SPACE(f(n))$, wenn es eine Turingmaschine gibt, die L entscheidet und dabei innerhalb der Platz-Obergrenze $f(n)$ operiert [5] (Kapitel 7.1, S. 141).

Weiterhin lässt sich damit nun die Klasse *PSPACE* beschreiben, welche all diejenigen Entscheidungsprobleme beinhaltet, die von deterministischen Turingmaschinen mit polynomiellem Platz entschieden werden können: $PSPACE = \bigcup_{p \text{ Polynom}} SPACE(p(n))$. *PSPACE*-Vollständigkeit lässt sich analog zu *NP*-Vollständigkeit definieren: Eine Sprache L ist *PSPACE*-vollständig, wenn sich jede Sprache aus *PSPACE* polynomial auf L reduzieren lässt und $L \in PSPACE$ ist.

Das Verhältnis von *PSPACE* zu *P* und *NP* ist $P \subseteq NP \subseteq PSPACE$, wobei auch hier vermutet wird, dass es sich jeweils um echte Teilmengen handelt.

3 Domino-Spiele in der Komplexitätstheorie

Dieses Kapitel beschreibt zunächst die Grundlagen der Domino-Spiele und erläutert im Folgenden, wie sie sich Dank ihrer Anschaulichkeit für die Komplexitätstheorie nutzen lassen.

3.1 Einführung

Domino, oder auch Kachel, wird ein Quadrat mit farbigen Kanten genannt. Legt man mehrere solcher Kacheln aneinander, so dass eine gegebene, endliche Region abgedeckt wird, so spricht man von einer *Kachelung* dieser Region. Die Kernfrage vieler Domino-Spiele ist nun, ob, gegeben eine endliche Menge verschiedener Dominos und eine zu kachelnde Region, eine gültige Kachelung existiert. Wann eine solche Kachelung als gültig akzeptiert wird, soll später näher erläutert werden.

3.2 Domino-Spiele

Zunächst sollen einige, für den weiteren Verlauf dieser Arbeit wichtige, Begriffe definiert werden.

3.2.1 Spielregeln

Sei C eine endliche Menge, die verschiedene *Farben* c_i enthält. Jedes Domino-Spiel erhält als Eingabe unter anderem eine endliche Menge von Kacheltypen T. Ein *Kacheltyp* t ist ein Element aus $C^4 = C \times C \times C \times C$. Eine Kachel hat also vier Farben. Wenn $t = \langle l, u, r, d \rangle$ ist, dann sagen wir die Farbe der linken Kante von t ist l, die der oberen ist u, die der rechten ist r und die der unteren ist d. Damit kann eine Kachel des Typs t wie in Abbildung 1 dargestellt werden.

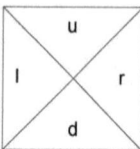

Abbildung 1: Eine Kachel $t = \langle l, u, r, d \rangle$

Kacheltypen können nicht gedreht und auch nicht gespiegelt werden. Das bedeutet beispielsweise, falls $l \neq r$ bzw. $u \neq d$, dann gilt $\langle l, u, r, d \rangle \neq \langle r, u, l, d \rangle$ bzw. $\langle l, u, r, d \rangle \neq \langle l, d, r, u \rangle$. Kommt also ein Kacheltyp erneut gespiegelt oder gedreht vor, dann ist diese gedrehte oder gespiegelte Version ein eigener Kacheltyp. Weiterhin kann jeder Kacheltyp t nur einmal in T vorkommen. In der Abbildung 2 ist eine Menge solcher Kacheltypen beispielhaft dargestellt, wobei die verwendeten Farben durch verschiedene Muster kodiert werden.

Zusätzlich zu einer endlichen Menge T von Kacheltypen ist in jedem Domino-Spiel eine endliche, zu kachelnde Region V gegeben. Im Folgenden werden ausschließlich Spiele mit quadratischen Regionen der Größe $n \times n$, $n \in \mathbb{N}$ betrachtet. Eine solche Region besteht aus n^2 *Positionen*, auf welchen jeweils genau eine Kachel eines Kacheltyps aus der Menge T abgelegt werden kann. Eine Position

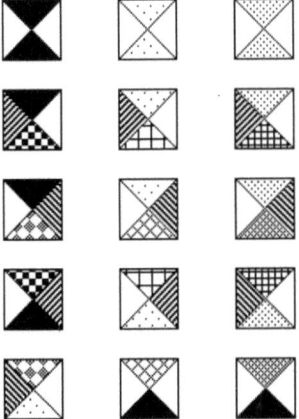

Abbildung 2: Eine Beispielmenge T von Kacheltypen, Quelle: [1]

hat die Koordinate $(x, y) \in \{1, \ldots, n\} \times \{1, \ldots, n\} = \{1, \ldots, n\}^2$. Der *Ursprung* von V liegt in der oberen linken Ecke an der Position $(1, 1)$. Die x-Achse zeigt nach rechts und die y-Achse nach unten.

Weiterhin nennt man die Belegung aller n^2 Positionen dieser Region V mit jeweils einer Kachel eines Kacheltyps aus T eine *T-Kachelung* von V. Damit ist die T-Kachelung von V eine totale, abschnittsweise definierte Funktion f : $X \times Y \to T$ mit $X = Y = \{1, \ldots, n\}$. Sie bildet jede Eingabe von Koordinaten $(x, y) \in \{1, \ldots, n\}^2$ auf einen Kacheltyp $t \in T$ ab.

Offen ist nun allerdings noch, wann eine solche T-Kachelung von V gültig ist. Ein Kacheltyp $t_1 = \langle l_1, u_1, r_1, b_1 \rangle$ ist *kompatibel*

- zu seinem linken Nachbarn $t_2 = \langle \_, \_, r_2, \_ \rangle$ genau dann, wenn $l_1 = r_2$,

- zu seinem oberen Nachbarn $t_3 = \langle \_, \_, \_, b_3 \rangle$ genau dann, wenn $u_1 = b_3$,

- zu seinem rechten Nachbarn $t_4 = \langle l_4, \_, \_, \_ \rangle$ genau dann, wenn $r_1 = l_4$,

- zu seinem unteren Nachbarn $t_5 = \langle \_, u_5, \_, \_ \rangle$ genau dann, wenn $b_1 = u_5$.

Naheliegend ist, dass nur dann eine Lösung des Kachel-Problems vorliegt, wenn jede platzierte Kachel zu ihren unmittelbaren Nachbarn kompatibel ist. Ein Beispiel für eine gültige T-Kachelung einer 3×3 Region V kann der Abbildung 3 entnommen werden.

Abbildung 3: Eine gültige T-Kachelung einer 3×3 Region V, Quelle: [1]

3.2.2 BOUNDED TILING

Im Folgenden soll das Domino-Spiel BOUNDED TILING näher betrachtet werden, welches im weiteren Verlauf der Arbeit im Zuge einer Reduktion erneut aufgegriffen wird.

Neben einer endlichen Menge von Kacheltypen T enthält jedes BOUNDED TILING-Problem einen Rand. Der *Rand* Funktion $g : R \rightarrow C$ mit $R = \{(0, k), (n + 1, k), (k, 0), (k, n + 1)\}$ und $k \in \{1, \ldots, n\}$, die jeder Position auf einem Rand um die Region V herum eine Farbe $c_i \in C$ zuordnet. Eine T-Kachelung von V *erweitert* den Rand g, wenn jede an den Rand angrenzende Kachel auf den Positionen $(1, y), (n, y), (x, 1), (x, n)$ mit $x \in \{1, \ldots, n\}, y \in \{1, \ldots, n\}$ auf ihrer angrenzenden Kante die gleiche Farbe aufweist, die g für die angrenzende Randposition definiert.

Damit kann ein BOUNDED TILING-Problem (T, g) wie folgt definiert werden:

Eingabe: Eine endliche Menge T von Kacheltypen und eine endliche, quadratische Region V der Größe $n \times n$ mit einer gegebenen Färbung g entlang ihres Randes.
Frage: Gibt es eine T-Kachelung f von V, die den Rand g erweitert?

Ein Beispiel für ein BOUNDED TILING-Problem sowie eine mögliche Lösung werden in den Abbildungen 4 und 5 dargestellt.

3.3 Vom Berechnungsmodell hin zu den Domino-Spielen

Mit Hilfe der zuvor vorgestellten Domino-Spiele ist es nun möglich Berechnungsmodelle zu kodieren. Dieses Kapitel basiert auf den Kapiteln 2 und 3 der Publikation „The convenience of tilings" [1] und soll zeigen, wie Berechnungen einer Turingmaschine (siehe Abschnitt 2.1) durch Domino-Spiele dargestellt werden können.

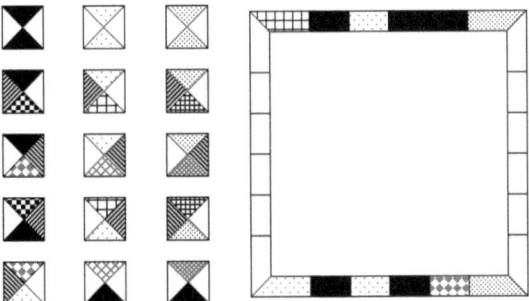

Abbildung 4: Beispiel eines BOUNDED TILING-Problems (T, g), Quelle: [1]

3.3.1 Zustandsdiagramme

Um eine Turingmaschine mit Hilfe von Domino-Spielen darstellen zu können, müssen zunächst sogenannte Zustandsdiagramme für Turingmaschinen eingeführt werden.

In Abschnitt 2.1 wurde eine Konfiguration einer Turingmaschine mit $\alpha_1(q, a)$ α_2 angegeben. Schreibt man alle Konfigurationen vom Beginn einer Berechnung an untereinander auf, so erhält man ein sogenanntes *Zustandsdiagramm*, das die gesamte Berechnung der Maschine veranschaulicht. Als Beispiel dient eine Turingmaschine $M = (Q, \Sigma, \Gamma, \delta, q_0, \triangleright, \sqcup, F)$ mit der Übergangsrelation $\delta = \{(q_0, 0, q_0, 0, R), (q_1, 0, q_1, 0, R), (q_0, 1, q_1, 1, R), (q_1, 1, q_0, 1, R), (q_0, \sqcup, q_2, 0, 0), (q_1, \sqcup, q_2, 1, 0)\}$. Das Programm zählt von links nach rechts die Anzahl der Einsen in der Eingabe und ersetzt das erste Blank-Symbol durch 0 für eine gerade oder durch 1 für eine ungerade Anzahl. Die Menge aller Zustände ist $Q = \{q_0, q_1, q_2\}$, der Startzustand ist q_0 und die Menge von Endzuständen ist $F = \{q_2\}$. Das Bandalphabet ist $\Gamma = \{0, 1, \triangleright, \sqcup\}$ und Eingabesymbole sind $\Sigma = \{0, 1\}$. Das zugehörige Zustandsdiagramm für die Eingabe $w = 0010110$ sieht dann wie folgt aus:

$\triangleright$	$(q_0, 0)$	0	1	0	1	1	0	$\sqcup$
$\triangleright$	0	$(q_0, 0)$	1	0	1	1	0	$\sqcup$
$\triangleright$	0	0	$(q_0, 1)$	0	1	1	0	$\sqcup$
$\triangleright$	0	0	1	$(q_1, 0)$	1	1	0	$\sqcup$
$\triangleright$	0	0	1	0	$(q_1, 1)$	1	0	$\sqcup$
$\triangleright$	0	0	1	0	1	$(q_0, 1)$	0	$\sqcup$
$\triangleright$	0	0	1	0	1	1	$(q_1, 0)$	$\sqcup$
$\triangleright$	0	0	1	0	1	1	0	$(q_1, \sqcup)$
$\triangleright$	0	0	1	0	1	1	0	$(q_2, 1)$

Eine Eingabe w gehört zu der Sprache L genau dann, wenn es eine Tu-

9

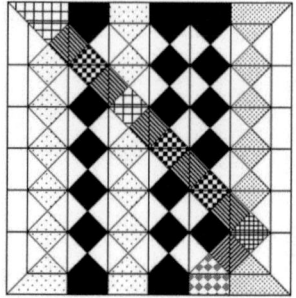

Abbildung 5: Mögliche Lösung für (T, g), Quelle: [1]

ringmaschine M gibt mit $L(M) = L$, die die Eingabe w akzeptiert. Dies lässt sich nun erweitern: die Eingabe w gehört zu L genau dann, wenn es ein Zustandsdiagramm von einer akzeptierenden Berechnung von M mit der Eingabe w gibt.

Mit Zustandsdiagrammen lässt sich ein direkter Beweis für die NP-Vollständigkeit des ERFÜLLBARKEITSPROBLEMs erbringen [1] (Kapitel 2, S. 4f.). Das ERFÜLLBARKEITSPROBLEM fragt, ob es für eine Bool'sche Formel eine Variablenbelegung gibt, so dass die Formel erfüllt ist.

3.3.2 Reduktion von Turingmaschinen auf BOUNDED TILING

Da innerhalb von Zustandsdiagrammen gewisse vertikale und horizontale Abhängigkeiten zwischen den einzelnen Feldern bestehen, ergibt sich die Idee, jedes Feld durch ein Domino zu ersetzen, welches ebensolche Abhängigkeiten bekanntlich mit Hilfe seiner farbigen Kanten darstellen kann. Im Folgenden soll dazu eine passende Reduktion erläutert werde.

Sei $M = (Q, \Sigma, \Gamma, \delta, q_0, \triangleright, \sqcup, F)$ eine beliebige, nichtdeterministische Turingmaschine, die in polynomieller Zeit arbeitet. Wenn die Turingmaschine von einer Konfiguration in die nächste übergeht, geschieht auf dem Großteil des Eingabebandes nicht viel, schließlich befindet sich der Lesekopf immer nur an einer Stelle gleichzeitig und kann auch nur diese eine Stelle verändern. Der Großteil des Eingabebandes bleibt unverändert. Dies wird durch Kacheln des Typs $\langle \cdot, s, \cdot, s \rangle$ beschrieben, wobei $\cdot$ die *weiße Farbe* darstellt, eine Art allgemeine Farbe ohne Bedeutung für die Berechnung. Diese Kachel, veranschaulicht in Abbildung 6, ist in T für jedes Bandsymbol $s \in \Gamma$ enthalten.

Weiterhin wird ein Feld des Eingabebandes, welches zunächst nicht eingelesen wurde, möglicherweise in der nächsten Konfiguration gelesen, wenn sich der Bandkopf von links oder rechts auf dieses Feld bewegt. Dafür werden Kacheln

10

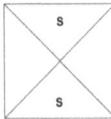

Abbildung 6: Kacheltyp $\langle \cdot, s, \cdot, s \rangle$, Quelle: [1]

des Typs $\langle \cdot, s, q, (q, s) \rangle$ oder $\langle q, s, \cdot, (q, s) \rangle$ verwendet mit $q \in Q$ (siehe Abbildung 7). Wichtig ist jedoch, dass für ein und das selbe q und s nicht beide Kacheln enthalten sein dürfen. Die Berechnung ist dann nicht mehr eindeutig, denn man könnte sie nebeneinander platzieren. Deshalb ist es sinnvoll, die Turingmaschine vorher zu normalisieren, so dass jeder Zustand mit *nur einer* Richtung versehen wird. Das bedeutet für jeden Zustand $q_i \in Q$, beinhaltet die Übergangsrelation das Tupel $(\_, \_, q_i, \_, R)$, so darf das Tupel $(\_, \_, q_i, \_, L)$ nicht enthalten sein, und umgekehrt.

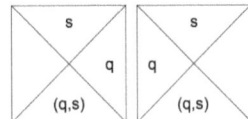

Abbildung 7: Kacheltypen, die im folgenden Schritt gelesen werden, Quelle: [1]

Die letzte Art von Kacheln repräsentiert die Anweisungen des Programms. Das sind alle Elemente der Übergangsfunktion δ übersetzt in Kacheltypen. Anweisungen mit einer Bewegung nach rechts (q, s, q', s', R) werden durch den Kacheltyp $\langle \cdot, (q, s), q', s' \rangle$ kodiert, (q, s, q', s', L) durch $\langle q', (q, s), \cdot, s' \rangle$ und $(q, s, q', s', 0)$ durch $\langle \cdot, (q, s), \cdot, (q', s') \rangle$. Die Anweisung $(q, s, F, s', 0)$, die die Turingmaschine in den Endzustand übergehen und terminieren lässt, wird durch das Tupel $\langle \cdot, (q, s), \cdot, s' \rangle$ dargestellt. Alle so entstandenen Kacheltypen sind in Abbildung 8 veranschaulicht.

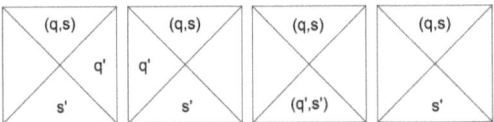

Abbildung 8: Kacheltypen für Anweisungen, Quelle: [1]

Mit den durch die Reduktion entstandenen Kacheltypen lassen sich Program-

11

me einer Turingmaschine als BOUNDED TILING-Spiel darstellen. Für einen Ausschnitt des Zustandsdiagramms aus Kapitel 3.3.1 ist dies in Abbildung 9 veranschaulicht. Dabei wird die Startkonfiguration durch den oberen Teil des Randes g der Region V kodiert und das Ergebnis der Berechnung durch den unteren Teil vorgegeben. Da jedoch die Region V quadratisch ist, muss die Höhe und Breite des Zustandsdiagramms gegebenenfalls angepasst werden. Ist es höher als breit, so kann rechts einfach mit Blank-Symbolen aufgefüllt werden. Ist das Zustandsdiagramm breiter als hoch, so kann im BOUNDED TILING-Problem der untere Bereich mit Dummy-Kacheln ausgelegt werden, um die Region dennoch quadratisch zu gestalten.

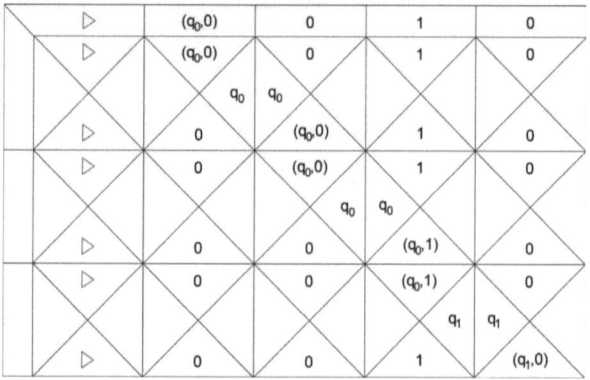

Abbildung 9: Reduktion der Beispielrechnung aus Kapitel 3.3.1 auf Dominos

Damit ist nun die Eingabe x in der Sprache L genau dann enthalten, wenn es eine T-Kachelung von V gibt. Die Menge von Kacheltypen T wird dabei wie oben beschrieben extrahiert. Weiterhin kann mit Hilfe dieser Reduktion folgendes gezeigt werden:

Theorem 1 *BOUNDED TILING ist NP-vollständig [1].*

3.4 Zwei-Spieler Domino-Spiele

Im folgenden Abschnitt werden Zwei-Spieler-Varianten der zuvor besprochenen Domino-Spiele eingeführt und eine Reduktion von ZWEI-SPIELER BOUNDED TILING auf ZWEI-SPIELER EXACT COVER nach Vorbild von [1], Kapitel 4, erarbeitet.

12

3.4.1 Allgemeines über Zwei-Spieler Domino-Spiele

Zunächst sollen die Spielregeln von Zwei-Spieler Domino-Spielen basierend auf [2] (Kapitel 5, S. 8ff.) erläutert werden.

Zwei-Spieler Domino-Spiele werden von zwei konkurrierenden Parteien, dem Konstrukteur und dem Saboteur, gespielt. Gespielt wird, indem beginnend mit dem Konstrukteur die Spieler abwechselnd Spielzüge tätigen, um sich so ihrem jeweiligen Spielziel zu nähern. Beide Spieler wählen für ihre Spielzüge aus der gleichen Menge von Kacheltypen T. Der Konstrukteur gewinnt das Spiel, sobald die letzte Kachel platziert wurde und das Spielbrett komplett mit Kacheln überdeckt ist, also die letzte freie Position der Region V belegt ist und das Ergebnis der Kachelung eine T-Kachelung von V ist. Der Saboteur dagegen gewinnt das Spiel, wenn für das nächste freie Feld, ganz gleich welcher der beiden Spieler an der Reihe ist, kein gültiger Spielzug, also keine kompatible Kachel, gefunden werden kann.

In jedem *Spielzug* wählt der Spieler, der an der Reihe ist, einen Kacheltyp aus der Menge T aus und platziert eine Kachel dieses Typs an der nächsten freien Position in V. Diese *nächste* freie Position ist das kleinste unbelegte Feld. Eine Position (x_1, y_1) ist *kleiner* als eine Position (x_2, y_2) genau dann, wenn

- $y_1 < y_2$ oder

- $y_1 = y_2$ und $x_1 < x_2$.

So wird also, ausgehend vom Ursprung, von links nach rechts und von oben nach unten das zu kachelnde Spielfeld nach und nach belegt. Ist die oberste Spielfeldreihe komplett belegt, wird das Spiel auf dem linkesten Feld der zweiten Reihe von oben fortgesetzt usw.

3.4.2 ZWEI-SPIELER BOUNDED TILING

Nun soll analog zu BOUNDED TILING (Kapitel 3.2.2) zusätzlich ein Rand g der Region V betrachtet werden und basierend auf Zwei-Spieler Domino-Spiele das ZWEI-SPIELER BOUNDED TILING-Problem (T, g) näher erläutert werden.

Jeder Spielzug erzeugt eine Teillösung. Eine *Teillösung* des ZWEI-SPIELER BOUNDED TILING-Problems (T, g) wird jedes neue Platzieren einer Kachel in der Region V der Größe $n \times n$ auf dem Weg zur T-Kachelung von V genannt und liegt genau dann vor, wenn dabei die in Kapitel 3.2.1 beschriebene Kompatibilitätsbedingung nicht verletzt wird. Jede Teillösung von (T, g) ist also eine partielle, abschnittsweise definierte Funktion $h : X \times Y \rightsquigarrow T$ mit $X \times Y \subseteq \{1, \ldots, n\}^2$, welche für eine mit einer Kachel belegten Position (x, y) den dort platzierten Kacheltyp angibt, jedoch für alle *freien* Positionen (x, y) mit $(x, y) \in \{1, \ldots, n\}^2 \setminus X \times Y$ in der Region V nicht definiert ist. Ist also die Position (x, y) eine freie Position, so ist h für diese Position *undefiniert*: $h(x, y) = \bot$. Eine partielle, abschnittsweise definierte Funktion h_2 *erweitert* h_1 genau dann, wenn für alle $(x, y) \in \{1, \ldots, n\}^2$ mit $h_1(x, y) \neq \bot$ gilt, dass $h_1(x, y) = h_2(x, y)$ ist. Das bedeutet, dass alle bereits belegten Positionen in h_1 auch in h_2 den gleichen Kacheltyp liefern müssen und nicht undefiniert sein dürfen. Eine Teillösung h *erweitert* den Rand genau dann, wenn alle nicht mehr freien, an den Rand angrenzenden Kacheln auf den Positionen $(1, y), (n, y), (x, 1)$ und (x, n) mit $x \in \{1, \ldots, n\}, y \in \{1, \ldots, n\}$ auf ihrer angrenzenden Kante die gleiche Farbe aufweisen, die g für die angrenzende Randposition definiert. Damit ist ein Spielzug genau dann *gültig*, wenn die durch ihn erzeugte Teillösung h_i die Teillösung des vorangegangenen Zugs h_{i-1} sowie den Rand g erweitert.

Zuletzt können Strategien für jeden Spieler festgelegt werden. Eine *Strategie* eines Spielers für das Zwei-Spieler Domino-Spiel (T, g) mit der Menge von Kacheltypen T und einer zu kachelnden Region der Größe $n \times n$ mit dem Rand g ist eine Funktion $f : G_{(T,g)} \to T$, wobei gilt: $G_{(T,g)} = \{h \mid h$ ist eine Teillösung von (T, g), die g erweitert$\}$. Sie liefert in einem Spielzug für die aktuelle Teillösung g einen gültigen Kacheltyp aus T, den der Spieler auswählt und auf der nächsten freien Position platziert. Dann ist eine *Gewinnstrategie* eines Spielers für (T, g) eine Strategie, die für alle Strategien des Gegenspielers einen Sieg erzwingt. Für die Definition des Zwei-Spieler Domino-Spiels ZWEI-SPIELER BOUNDED TILING wird die Definition aus Abschnitt 3.2.2 erweitert.

Eingabe: Eine endliche Menge T von Kacheltypen und eine endliche quadratische Region V der Größe $n \times n$ mit einer gegebenen Färbung g entlang ihres Randes.

Frage: Existiert eine Gewinnstrategie für den Konstrukteur, so dass eine T-Kachelung f von V durch zwei Spieler erreicht wird, die den Rand g erweitern?

Weiterhin gilt folgender Satz:

Theorem 2 *ZWEI-SPIELER BOUNDED TILING ist PSPACE-vollständig [2] (Kapitel 5, S. 8).*

3.4.3 ZWEI-SPIELER EXACT COVER

Um das Spiel ZWEI-SPIELER EXACT COVER zu beschreiben, muss zunächst EXACT COVER definiert werden.

Das Problem EXACT COVER, oder auch EXAKTE ÜBERDECKUNG, ist ein klassisches NP-vollständiges Entscheidungsproblem der Kombinatorik [8] und beschreibt die Frage, ob sich eine gegebene endliche Menge durch Elemente einer weiteren gegebenen endlichen Menge, bestehend aus Teilmengen der ersten Menge, darstellen lässt. Dabei müssen die ausgewählten Elemente jeweils zueinander disjunkt sein. Das heißt, gegeben eine endliche Menge X und eine endliche Menge $C = \{c_1, ..., c_n\}$ mit $\forall i \in \{1, \ldots, n\} : c_i \subseteq X$, dann liegt eine *exakte Überdeckung* genau dann vor, wenn jedes Element von X nur in exakt einem Element von C vorkommt. Damit lässt sich nun EXACT COVER (X, C) definieren [9]:

Eingabe: Eine endliche Menge X und eine endliche Menge von Teilmengen $C = \{c_1, ..., c_n\}$ mit $c_i \subseteq X, \forall i \in \{1, \ldots, n\}$.

Frage: Enthält C eine exakte Überdeckung $C' \subseteq C$ für X, so dass jedes Element von X in genau einem Element von C' enthalten ist?

Jetzt wird das ZWEI-SPIELER EXACT COVER-Problem (X, C) betrachtet. Für die Zwei-Spieler-Variante wird nun die Menge X der Einfachheit halber auf eine Menge aufeinanderfolgender natürlicher Zahlen beschränkt. Ähnlich wie bei den Zwei-Spieler Domino-Spielen gibt es auch hier einen Konstrukteur und einen Saboteur, die, beginnend mit dem Konstrukteur, abwechselnd ein Element aus C auswählen. Dabei darf jedoch nur aus den Elementen aus C gewählt werden, die die kleinste noch freie natürliche Zahl enthalten. Eine Zahl gilt als *frei*, wenn sie in keinem der bereits ausgewählten Elemente von C vorkommt. Weiterhin darf jedes $c_i \in C$ nur einmal von einem Spieler ausgewählt werden.

Damit ergeben sich analog zu ZWEI-SPIELER BOUNDED TILING Teillösungen des ZWEI-SPIELER EXACT COVER-Problems. Eine *Teillösung* von (X, C) ist eine partielle, abschnittsweise definierte Funktion $h : X \rightsquigarrow C$ die unfreie $x \in X$ auf ein $c_i \in C$ abbildet. Freie $x \in X$ sind in h undefiniert: $h(x) = \bot$. Eine Teillösung h_2 erweitert eine Teillösung h_1 genau dann, wenn für alle $x \in X$ mit $h_1(x) \neq \bot$ gilt, dass $h_1(x) = h_2(x)$ ist und weiterhin h_2 für die nächste kleinste noch freie Zahl in h_1 definiert ist. Weiterhin muss gelten, dass alle c_i im Bildbereich von h_2 paarweise disjunkt sind. Eine Auswahl ist somit *gültig*, wenn die dadurch entstehende Teillösung h_i die Teillösung h_{i-1} der vorangegangenen Auswahl erweitert.

Der Konstrukteur gewinnt das Spiel, sobald eine exakte Überdeckung $C' \subseteq C$ von X durch C vorliegt. Der Saboteur gewinnt das Spiel, wenn einer der beiden Spieler keine gültige Auswahl tätigen kann.

Auch für ZWEI-SPIELER EXACT COVER lässt sich eine Strategie definieren. Eine *Strategie* eines Spielers für das ZWEI-SPIELER EXACT COVER-Problem (X, C) ist eine Funktion $f : G_{(X,C)} \rightarrow C$, wobei gilt: $G_{(X,C)} = \{h \mid h$ ist eine gültige Teillösung von $(X, C)\}$. Eine *Gewinnstrategie* für (X, C) ist dann analog zu einer Gewinnstrategie für ZWEI-SPIELER BOUNDED TILING definiert.

Mit diesen Spielregeln lässt sich nun ZWEI-SPIELER EXACT COVER (X, C) beschreiben:

Eingabe: Eine endliche Menge $X \subseteq \mathbb{N}$ und eine endliche Menge von Teilmengen $C = \{c_1, ..., c_n\}$ mit $c_i \subseteq X, \forall i \in \{1, \ldots, n\}$.
Frage: Existiert eine Gewinnstrategie des Konstruktors für die Zwei-Spieler-Version von (X, C)?

3.4.4 Reduktion von ZWEI-SPIELER BOUNDED TILING auf ZWEI-SPIELER EXACT COVER

Dieser Abschnitt beschreibt eine Reduktion zwischen der zwei in Kapitel 3.4.2 und Kapitel 3.4.3 definierten Spiele und basiert auf der in [1] in Kapitel 4 beschriebenen Abkürzung von BOUNDED TILING zum RUCKSACKPROBLEM [7].

Um nun ZWEI-SPIELER BOUNDED TILING auf ZWEI-SPIELER EX-ACT COVER zu reduzieren, sollen zunächst die Kacheltypen auf eine andere Art und Weise dargestellt werden. Dazu werden die einzelnen Kacheltypen in Puzzle-Stücke verwandelt, wobei die einzelnen Farben der Kanten durch Erhebungen und Vertiefungen kodiert werden. Erhebungen werden für die Farben am linken und oberen Rand und Vertiefungen für die Farben am rechten und unteren Rand einer Kachel verwendet. Die Farbe selbst bestimmt dabei die Position. Sei k die Anzahl aller unterschiedlichen Farben, die entlang der Kanten der Kacheltypen T vorkommen. Es wird zunächst angenommen, die Länge der Kanten jeder Kachel entspricht $l = k + 2$. Anfang und Ende einer Kante werden folgendermaßen festgelegt: Läuft man im Uhrzeigersinn entlang der Kanten einer Kachel, so ist jeweils der erste erreichte Punkt einer Kante ihr *Anfang* und der letzte abgelaufene Punkt der Kante ihr *Ende*. Danach werden die Farben von 1 bis k durchnummeriert. Anschließend wird jede Farbe an einer Kante wie folgt kodiert: Für die Farbe $i, i \in \{1, \ldots, k\}$ wird an der Stelle i eine Erhebung bzw. Vertiefung der Länge 1 angebracht. Das Ergebnis sieht also anschließend für jede Kante so aus, dass zwischen Kantenursprung und Beginn der Erhebung bzw. Vertiefung eine unveränderte Strecke der Länge i liegt, dann die Erhebung mit der Länge 1 folgt und vom Ende der Erhebung bzw. Vertiefung eine Strecke der Länge $k - i + 1$ bis zum Ende der Kante reicht (siehe Abbildung 10).

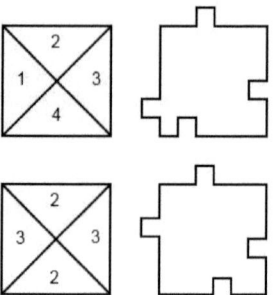

Abbildung 10: Reduktion der farbigen Kacheln auf Puzzle-Stücke

Die verschiedenen Kacheltypen sind jetzt genau dann kompatibel, wenn die Erhebung und Vertiefung entlang ihrer gemeinsamen Kante ineinander passen. Die Verlängerungen um 1 am Anfang und Ende der Kante sind notwendig, da sich sonst die Kodierungen benachbarter Kanten überschneiden können. Das Beispiel in Abbildung 11 zeigt, dass die obere rechte Kachel ohne die Verlängerung der Kanten nicht an ihrer benachbarten Kachel angebracht werden kann.

Der Rand der Region V kann ersatzweise durch Kacheln beschrieben wer-

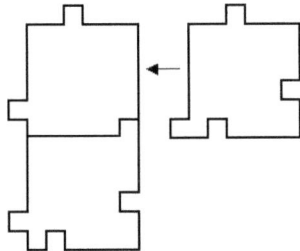

Abbildung 11: Beispiel für die Notwendigkeit der Kantenverlängerung

den, die lediglich an dem an V angrenzenden Rand die Färbung besitzen, die g definiert. An allen anderen Kanten sind sie *weiß* gefärbt. Diese Randkacheltypen lassen sich dann wie alle anderen Kacheltypen in Puzzle-Stücke übersetzen.

Nach ihrer Verwandlung in Puzzle-Stücke können die Kacheln nun als Teilmengen des euklidischen Raumes betrachtet werden. Diese werden im nächsten Schritt durch endliche, diskrete Mengen von Pixeln ersetzt. Jede Kachel wird dann durch l^2 Pixel beschrieben. Dies sind die Pixel, die eine quadratische Kachel ohne Erhebungen und Vertiefungen umfassen würde, hinzugenommen die beiden Pixel in der Erhebung an der linken und oberen Kante und ohne die beiden Pixel in der Vertiefung an der rechten und unteren Kante. Die beschriebenen Reduktionen der Kacheltypen werden schematisch in Abbildung 12 dargestellt.

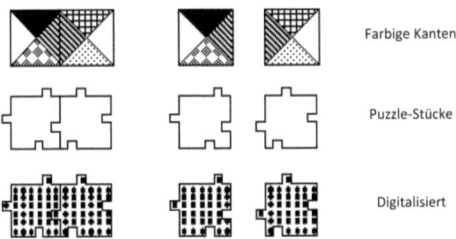

Farbige Kanten

Puzzle-Stücke

Digitalisiert

Abbildung 12: Reduktion auf EXACT COVER, Quelle: [1]

Damit ergibt sich für das ZWEI-SPIELER BOUNDED TILING-Problem (T, g) mit einer Region V der Größe $n \times n$ die Menge $X = \{1, \ldots, (l \cdot (n+2))^2\} \subset \mathbb{N}$ des korrespondierenden ZWEI-SPIELER EXACT COVER-Problems (X, C).

Jedes in der Reduktion entstandene Pixel mit den Bildkoordinaten (x, y) entspricht der natürlichen Zahl $(y - 1) \cdot l \cdot (n + 2) + x \in X$. Jede Platzierung einer Kachel in (T, g) an der Position (i, j) entspricht der Auswahl einer Teilmenge $c_i \in C, c_i \subseteq X$. Dabei enthält c_i all diejenigen Zahlen, die den Pixeln entsprechen, die beim Platzieren der digitalisierten Kachel überdeckt werden. Der Rand g wird durch eine Teillösung h von (X, C) kodiert, die im Laufe des Spiels erweitert wird.

Damit ist ZWEI-SPIELER BOUNDED TILING ein Spezialfall von ZWEI-SPIELER EXACT COVER und es ergibt sich folgende Komplexitätsklassifizierung:

Theorem 3 *ZWEI-SPIELER EXACT COVER ist PSPACE-vollständig.*

Beweisskizze: Aus der obigen Reduktion folgt die *PSPACE*-Vollständigkeit von ZWEI-SPIELER EXACT COVER, da ZWEI-SPIELER BOUNDED TILING *PSPACE*-vollständig ist.

Zwar müsste formal gezeigt werden, dass es für jedes $(T, g) \in$ ZWEI-SPIELER BOUNDED TILING ein $(X, C) \in$ ZWEI-SPIELER EXACT COVER gibt, doch verletzt auch das Vorbild dieser Reduktion [1] diese Bedingung. Da ein anschaulicher Beweis erbracht worden ist, wie sich die beiden Probleme ineinander überführen lassen, ist anzunehmen, dass die Komplexitätsklassifizierung auch ohne diesen letzten Schritt korrekt ist.

4 Schluss

Wie bereits in anderen Veröffentlichungen beschrieben, lassen sich Domino-Spiele in bestimmten Fällen hervorragend für Reduktionen und auch zur Beweisführung innerhalb der Komplexitätstheorie nutzen. Sie eröffnen neue Möglichkeiten und machen umständliche Umwege überflüssig. Da es dem Betrachter nicht schwer fällt, sich unter einem Domino-Spiel etwas vorzustellen, sind diese Reduktionen meist sehr anschaulich und leicht zu verstehen.

In dieser Arbeit wurde genau dies an einem eigenen Beispiel verdeutlicht, für das es auf einem anderen Weg womöglich sehr viel schwieriger gewesen wäre, eine Aussage über die Komplexität zu treffen.

Literatur

[1] van Emde Boas, P., *The convenience of tilings*, ILLC, Faculteit WINS, Universität Amsterdam, Niederlande, 15. Juni 1996.

[2] Chlebus, B. S., *Domino-Tiling Games*, Institute of Informatics, Universität Warschau, Polen, 23. Juli 1985.

[3] Schöning, U., *Theoretische Informatik - kurz gefasst*, 5. Auflage, Springer-Verlag, 2008, ISBN 978-3-8274-1824-1.

[4] Hopcroft, J. E., Ullman, J. D., *Introduction to Automata Theory, Languages, and Computation*, Addison-Wesley, 1979, ISBN 0-201-02988-X.

[5] Papadimitriou, C. H., *Computational Complexity*, Addison-Wesley, 1995, ISBN 0-201-53082-1.

[6] Cook, S. A., *The complexity of theorem-proving procedures*, Proceedings of the third annual ACM symposium on Theory of computing , Seiten 151 - 158, New York, 1971.

[7] Martello, S., Toth, P, *Knapsack problems: algorithms and computer implementations*, J. Wiley, Chichester 1990, ISBN 978-0-471-92420-3.

[8] Karp, R. M., *Reducibility among combinatorial problems*, University of California at Berkeley, 1972.

[9] Garey, M. R., Johnson, D. S., *Computers and Intractability - A Guide to the Theory of NP-Completeness*, W. H. Freeman, New York, 1979, ISBN 978-0-7167-1045-5.